印象燕大

《印象燕大》编委会 编

燕山大学出版社
·秦皇岛·

图书在版编目（CIP）数据

印象燕大 /《印象燕大》编委会编. — 秦皇岛：燕山大学出版社，2022.12
ISBN 978-7-5761-0409-7

Ⅰ．①印… Ⅱ．①印… Ⅲ．①燕山大学－校史－图集 Ⅳ．① G649.282.23-64

中国版本图书馆 CIP 数据核字（2022）第 213302 号

印象燕大

《印象燕大》编委会 编

出 版 人：陈　玉

责任编辑：张岳洪　　　　　　　　　　封面题字：赵险峰

责任印制：吴　波　　　　　　　　　　装帧设计：吴　波　方志强

出版发行：燕山大学出版社 YANSHAN UNIVERSITY PRESS　　电　　话：0335-8387555

地　　址：河北省秦皇岛市河北大街西段 438 号　　邮政编码：066004

印　　刷：保定华升印刷有限公司　　　　经　　销：全国新华书店

开　　本：250mm×250mm　1/12　　　印　　张：17

版　　次：2022 年 12 月第 1 版　　　　印　　次：2022 年 12 月第 1 次印刷

书　　号：ISBN 978-7-5761-0409-7　　字　　数：95 千字

定　　价：128.00 元

《印象燕大》编委会

序

对于燕大的印象，除了四千亩校园之大，还有四时风物之美，更兼燕大人的奋进英姿，以及百年积淀上勃发出的隆兴气象。晨曦中奔跑的身影、星光下赶路的学人，图书馆通明的灯火，实验室执着的坚守，处处青春洋溢、永远热气腾腾……这是每个燕大人回忆里相似的景象，也是一代代燕大人自己的故事。这些景象和故事，被耳闻目睹，被口口相传，也被刻进记忆、融入血液，经艰辛磨砺、百年积淀，最终凝结成这所大学的文化基因中一段段独特的序列。

文化是某种历史过程的积淀，也是一个社会群体核心理念、价值准则、行为方式的集合。文化是大学特色的本源，是大学的名片。它贯穿于大学的办学理念、发展战略、规章制度中，体现在教师、学生、管理者及全体员工的行动上，融合于教学、科研、管理、服务等各个环节，并与社会发生着千丝万缕的联系，是物质文化和精神文化在大学长期发展演变中所形成的精神财富。

"印象燕大"是燕大融媒体平台矩阵中校园网的品牌栏目之一，已持续更新了9年。用心用情热爱着燕大的师生们，以光影和文字记录下校园中的如歌岁月，那些高光时刻汇聚成燕大人记忆中闪耀的星河，也成为燕大文化的具象体现。"众里寻他千百度，蓦然回首，那人却在，灯火阑珊处。"透过一个个鲜活的人物，回顾一幕幕动人的场景，您可以品味到燕大独特的"文化味道"，真切地感受到燕大文化所辐射出的力量。

有人问我，燕大为什么能够异地重生、愈挫愈勇？燕大为什么能坚持特色、精品办学？那是因为经过百年磨砺和积淀，奋斗基因、工匠精神、卓越品质、家国情怀，这些文化品格已经熔铸进每个燕大人的骨子里并在心灵最深处生根、发芽、开花和结果，进而变成了每个燕大人的集体认知和文化自觉。这本小书，是燕大文化的生动载体，也承载着百年燕大的内在精神。通读全书，犹如在向导带领下，进行了一次全方位的燕大文化旅行，书中很多面孔让人印象深刻、很多场景让人仿佛穿越时空。我想，对于每一个热爱燕大、关注燕大的读者来说，本书都是一份最珍贵的礼物。

此书付梓之际，恰逢全国上下掀起深入学习宣传贯彻党的二十大精神的热潮。作为一所百年老校，我们须以高度的使命感和责任感，始终坚守为党育人、为国育才初心，继续涵育高品质大学文化，营造崇尚立德树人、崇尚学术成就的一流文化氛围，加快建设特色鲜明、国内一流、世界知名的研究型大学。我们要在党的二十大精神指引下接续奋斗，在中国式现代化的燕山大学场景中创造更多元更美好的"燕大印象"。

燕山大学校长

2022 年 11 月 8 日

目 录

第一篇章　四时光影

送你远道而来的浪漫　/　2

只此青绿　夏日燕园　/　10

秋颂　/　25

橙黄橘绿秋未尽　雪寄人间满燕园　/　33

满天晚霞压星河　落日华灯夜未央　/　44

时光如逝水　燕园美如画　/　51

第二篇章　高光时刻

见证！燕大人的冬奥时刻　/　60

鸣奏青春旋律　书写运动乐意　/　78

牢记一二·九　接力爱国情　/　86

在齐齐哈尔富拉尔基区实训的 30 个日夜　/　94

第三篇章　岁月如歌

　　燕大与你来日方长　/　104

　　军训信笺寄迷彩时光　/　112

　　点横撇捺蕴风骨　笔墨纸砚皆乾坤　/　122

　　匆匆夏天　我们不说再见　/　131

　　考研倒计时　胜利在等你！　/　140

第四篇章　燕园节事

　　党的生日："史境阵地"筑基"传习讲堂"　/　148

　　百年校庆：百年燕大　家国天下　/　162

　　世界读书日：悦读百年辉煌历程　传承红色文化基因　/　174

　　东北亚古丝路文明博物馆：千年辉煌的丝路文明　/　179

　　校史文化节：知史爱燕大　青春再出发　/　188

燕山大学

送你远道而来的浪漫

春华灼灼，春风习习，燕大的春天悄然而至。春天的浪漫，藏在花的心里；如画的风景，走进你的心里。花期虽短，浪漫永存。我们终将相逢，携手共享这专属于 YSU 的浪漫时光。

桃之夭夭，灼灼其华。

你于春风吹拂中绽放芳华，

惊艳了岁月，陶醉了时光。

春花烂漫几多时，

恰是微醺好春日。

春风拂面柳条依，

十里春色处处浓。

携手相伴，
纵览春色满园。

净若清荷尘不染，
色如白云美若仙。

皎皎玉兰花，

清香惹人醉。

枝柳初开，
幽篁青葱，
岁月芬芳来。

绿叶阴阴占得春，

草满莺啼处。

只此青绿　夏日燕园

（一）

偷装一把温柔的海风，

清凉整个夏日的燕园。

流水无声，垂柳不语，

燕鸣波光动，清池满夏云。

那身着短裙的少女，

在湖边，等风来。

（二）

荷花，

是盛夏最美的诗句。

几尾调皮的鱼儿，

几只停在莲上的蜻蜓，

动静结合，

不失惊喜与妙趣。

印
象
燕
大

（三）

清风鸣蝉，

芳草未歇。

幽径迤逦，

碧茵沉寂。

光的缝隙，

便是时光。

捕捉那道光，

所见皆美好。

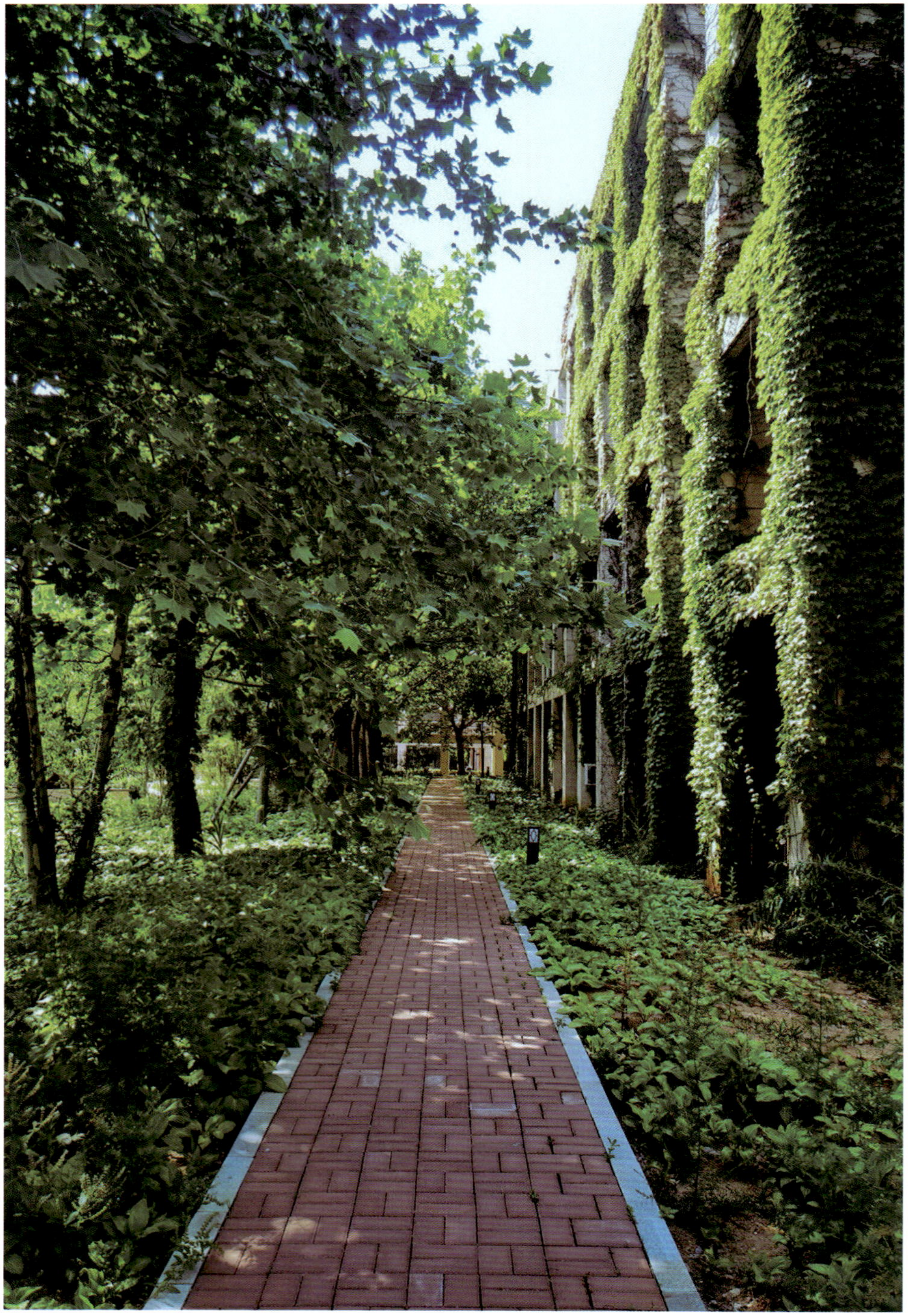

（四）
夏日草木长，
人少燕园旷。
可发奋苦读，
成国之栋梁。
可闲庭信步，
看云卷云舒。

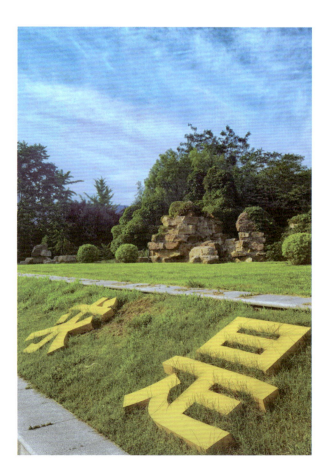

（五）

绿草如茵，

树木葱茏，

那满墙的爬山虎，

仿佛绿色的瀑布，

肆意诉说着生命的勃勃生机。

（六）

夏日里的全部美好，

与一切关于燕园的记忆，

停留在斑驳的树影和潋滟的柔波中，

在盛开的无名小花里，

在每日自习室、图书馆的往返中……

目光所及，只此青绿。

让我们保持热爱，

奔赴山海。

秋 颂

初秋总是温柔，日间把夏天留下，日落后还带秋风。世界的色调也逐渐偏暖，动辄便引起人的万千思绪。燕园的秋天，空气中处处弥漫着温柔的味道。秋天的信差穿梭在落叶之中，款款而来。

漫步于初秋，日光洒下浪漫和温柔。

看花开叶落，流年转换。

翠绿色与明黄色的树叶一起在风中起舞，

诉说着秋的故事。

生命的轮回，

满是笑颜。

微风徐来，
所有美好如约而至。

喜欢秋之沉淀，
钟爱叶之静美。

追逐一份金黄，

邂逅一捧温暖。

夕阳西下，天空披上秋日的霞衣。

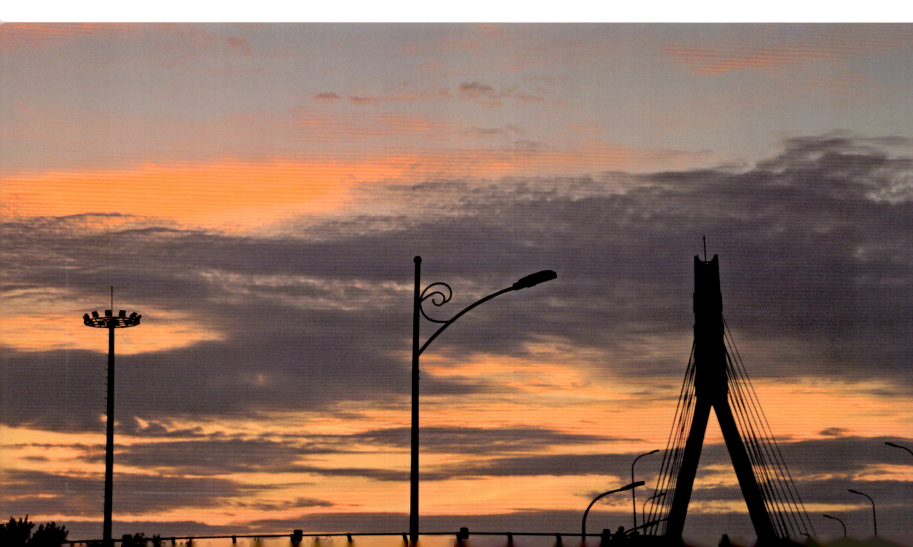

斜晖残照芦苇飘荡的秋，

你和瑟瑟的西风，

拖曳着芦苇的花穗。

叶满地，鸟留枝，

秋日的暖阳洒满树梢。

叶动秋风，黄蜂金蕊，
采蜜成房，馨香袭袭。

枫叶红透十里长路，
车行一道七彩虹光。
秋叶点缀了校园的道路，
亦温暖了你我。

橙黄橘绿秋未尽　雪寄人间满燕园

闲庭一隅，

金黄的叶，清冷的亭，素白的雪，

构成了如梦似幻的燕园初雪图。

残秋未谢，

初冬已来。

树上金黄的叶子还未全部凋落，

飞舞的雪花踏着立冬的节点悄然而至，

为燕园披上白色的轻纱。

一场雪迎来了冬。

雪至盛，飞漫天，

撑着伞漫步在校园，

雪后校园美如画。

天地间白色苍茫一片，

看那竹青翠绿与皑皑白雪融为一体，

将冬日残留的绿意衬托得更加生机勃勃！

大雪纷飞的时节，

诗意和浪漫也必不可少。

和同伴打一场酣畅淋漓的雪仗，

和舍友堆一个可爱无瑕的雪人，

让我们携手雪花，

把诗意留给初雪的浪漫。

初冬的雪是天上揉碎的云，

穿梭在树叶之间，

雪色留白，

细数着冬天的欢乐。

满天晚霞压星河　　落日华灯夜未央

傍晚的微风携着欲坠的红日，待那一抹橘红色的阳光斜照在燕园上空，橙红的云彩，拖曳着淡淡红晕，隐藏着愈深邃愈炙热的浪漫。山川知夏，岁月灼灼，落日跌入昭昭星河。

云朵偷偷喝醉了酒，

羞红了脸，

悄悄地在湖面上照镜子。

橘红色的黄昏是落日寄给人间的情诗。

缱绻的云似浪漫的篝火，

炽烈地点燃了远处的天空。

两点孤鸿，一抹夕阳，宁静致远。

车水马龙，万家灯火，目送着擦肩而过的少年远去，

致敬那夜幕下永不褪色的热情，无声且坚定。

"天上星河转，人间帘幕垂。"面对广阔无垠的浩瀚星海，
不论何时何地，抬头望去，总能在静谧的夜空找寻到属于
自己的那颗明亮的星。

齐眼观星河，幕帘闪闪，星河送波。

星月深潭，楼台夜话。

夜阑人静，抬头即是星辰大海。

孤月高悬，月明星稀，

独享燕园此刻的平静美好。

河汉似星潭，星辉不凡。

时光如逝水　燕园美如画

白云千万里，暮云轻似烟，余霞散成绮，晚照近黄昏。当流逝的时光被浓缩定格，从明到暗，由浅入深，感受从霞光满天到夜幕笼罩，从暮色苍茫到月色动人。如此，方知时光清浅、岁月静好是何般模样。

从清晨到黄昏，从喧闹到安静，流云游走，暮色温柔。

阴天几处看云阵，楼宇恢宏，默然伫立。

薄阴雨洗尘，人来人往，步履匆匆。

云散天边，跑道空旷，晚霞明处暮云重。

一道残阳铺水中，落日弥漫，云卷云舒。

晚喜晴霞散绮红，学子向学，灯火渐明。

云空广漠，掩映斜阳，大国重器何庄严。

云霞漫步走，收揽经纶归。

从红霞漫天到星光疏朗，任光阴流转，而理想不改。

柳条依依，日薄黄昏，
世纪楼临水而立。

余霞成绮，华灯初上，
暮色向晚桥头。

云朵如絮，天色渐晚，幸有所爱，奔赴未来。

印
象
燕
大

第二篇章

高光时刻

见证！燕大人的冬奥时刻

6 名管理人员、322 名冬奥会志愿者、277 名冬残奥会志愿者，24 个比赛日，总服务时长超 60000 小时的扎实工作……2022 年北京冬奥会和冬残奥会期间，燕山大学作为古杨树场馆群国家冬季两项中心的志愿者主责高校，圆满完成了各项服务任务，诠释了"奉献、友爱、互助、进步"的志愿精神，唱响了"一起向未来"的冰雪欢歌。作为北京冬奥会闭幕式参演人数最多的单位，我校共有 233 名演职人员参与了北京冬奥会闭幕式演出。燕大人在点亮、缅怀、致敬、挥别中，向世界展示了中国青年的熠熠风采。

冬奥里的燕大人，也用镜头见证、记录下这段特别的志愿者经历。此刻，让我们一起重温燕大人与冬奥会的故事，细数在冬奥现场上燕大人的那些澎湃、振奋、感动、友好的瞬间……

出征
——赴冰雪之约

赴一场冰雪之约，启一段发光之旅。

北京冬奥会张家口赛区火炬接力到达崇礼富龙雪场，张家口赛区第175棒火炬手，是来自燕山大学的学生王少伟。

奉献
——传递光和热

清晨的张家口，天色微亮，志愿者们伴着朝霞，走向工作岗位。

礼宾志愿者在核对国旗与礼宾旗，

与五星红旗一同矗立在阳光下，沐浴在和风里。

国家冬季两项中心摄影助理在
风雪之中引导摄影记者。

大雪过后，志愿者们一起清理道路上的积雪，
齐心协力，不怕劳累。

谁能拒绝可爱又爱劳动的冰墩墩呢？

礼宾志愿者殷子越（右一）陪同巴赫先生了解冬季两项中心奥林匹克大家庭休息室的筹备情况。

在幕后，冬奥场馆管理志愿者没有丝毫懈怠，他们手持对讲机，时刻关注着场馆内的形势并及时作出协调安排。

在残奥越野滑雪男子20公里视障比赛前，志愿者为即将参赛的运动员捆绑固定应答器。

在残奥越野滑雪短距离（自由技术）决赛中，

志愿者带动行动不便的观众为中国运动员加油助威，

他们手中的五星红旗熠熠生辉。

生活
——充满喜和乐

年味不减，亲手书写的对联饱含了志愿者们对祖国的祝福。

志愿者齐心协力顶着风雪搬运激励物资。

我校艺术与设计学院的00后志愿者韩哲彬手绘的冰墩墩受到了许多外国记者的喜爱。

媒体领域志愿者韩湘雨，

在冬残奥会再次遇到了之前冬奥会期间帮助过的 RTb（转播权持有者）。

外国友人主动找到她赠送徽章并合影留念。

闭幕式
——彩色的燕大舞者

在各国代表团旗帜和运动员入场环节，
来自燕大的彩色舞者组成了一道欢乐人墙，
有朋自远方来，不亦乐乎！

在国际奥委会运动员委员会新当选委员向志愿者致谢的环节中，
燕山大学学生张鸿博作为 6 名志愿者之一，
代表北京冬奥会 1.8 万余名志愿者站在闭幕式的舞台上接受致谢。

尾声环节，冬奥圣火在歌声中缓缓熄灭，

朵朵洁白的雪花逐渐绽放出金色光芒，

燕大的七彩舞者们一直舞到了最后，

一颗颗闪光的种子在他们心里萌发。

燕山大学全体演职人员与冬奥会总导演张艺谋先生合影。

我校是北京冬奥会闭幕式参演人数最多的单位。

冰雪夜里，225 名演员用精湛的表演圆满完成了北京 2022 年冬奥会闭幕式演出任务。

一起向未来

冰雪为媒，不负芳华，

燕大人圆满完成了服务北京 2022 年冬奥会和冬残奥会的任务，

向世界寄出了一枚展示燕大人风采的雪花名片，

为冬奥盛会的成功举办贡献了一份重要力量。

满载着荣耀与收获，

唱响了"燕大与冬奥、一起向未来"的征途凯歌，

初心不改、风帆再扬，

逐梦路上，我们再出发！

鸣奏青春旋律　书写运动乐意

迎着朝阳，沐浴希望，燕山大学第四十九届体育运动会在东校区第二体育场拉开序幕。运动会现场活力四射，热血偾张。让我们跟随镜头一起运动起来，青春正当时，运动永不止。

艰苦奋斗，严谨治学，求实创新，燕山大学第四十九届体育运动会盛大开幕。

气宇轩昂，国旗护卫队男儿志在四方。

步伐矫健，英姿飒爽，我们的队伍，我们的力量。

目视前方，

梦想的终点在呼唤。

等待一声号响，

我们奋力奔向远方。

奔跑，

少年人的锐气是一往无前。

向前，

乘风破浪，驰骋赛场。

速度与激情的碰撞中，
你是跑道中唯一的焦点。

一起努力奔跑，
接力闪耀赛场。

腾起瞬间，

似雄鹰划破长空，

如利刃闪耀光芒，

跃向天空，

用高度记录新的高度。

踏过跳板，

用距离镌刻新的纪录，

期待胜利时刻，

载誉归来。

银枪闪闪积蓄力量，腾空一跃抛出理想。

友谊第一，比赛第二。在比赛中收获的友谊天长地久。

感动不分国界，你我同样自豪。

牢记一二·九　接力爱国情

凛冬似火，热情做柴。寒风吹不散燕大学子的赤子之心，亦挡不住爱国精神的脉动流传。冬季齐长跑，铭记一二·九。手中的红旗是他们对祖国赤诚的爱。声声誓言响彻云霄，阵阵呐喊雄心壮志，他们眼神坚定，整装待发。

队伍整齐，信念坚定，寒风凛冽，内心火热。

他们在寒风中奔跑，纵然是刺骨严寒也无法磨灭他们拳拳的爱国之情。

终点线触手可及，胜利就在眼前！随着一声声呐喊加油，他们顺利冲线！喜悦溢于言表，他们为自己的胜利欢呼，我们为他们的成功喝彩。

活动结束后，各学院和国旗护卫队纷纷合照，用相机记录下了这一意义非凡、激动人心的瞬间。

在齐齐哈尔富拉尔基区实训的 30 个日夜

为传承东重人自强不息、艰苦创业的优良传统，发扬熔铸在燕大人骨子里的奋斗基因、工匠精神、卓越品质和家国情怀，来自学校机械工程学院、电气工程学院、经济管理学院等 11 个学院的 188 名研究生实训团成员于 2020 年 9 月 20 日赴燕山大学独立办学起点齐齐哈尔市富拉尔基区进行为期 1 个学期的生产实训。他们把课堂学习与生产实践有机结合，青春在服务东北老工业基地全面振兴中淬炼成钢、绽放异彩。

2020 年 10 月 20 日，一个月的实训时光悄然度过，我们用镜头记录下这 188 名研究生实训团成员在齐齐哈尔市富拉尔基区学习、生活的 30 个日夜。

山高路远
仍值得奔赴

出发时给自己比个"耶"，带着笑容奔赴远方。

"回家啦！"齐齐哈尔这座城市将记录燕大学子拼搏的身影。

实训基地揭牌的那一瞬间，
荣耀感与责任感油然而生。

结伴而行的实训学子意气风发。

恰同学少年，斗志昂扬，让青春淬火成钢。

力学笃行
践燕大精神

带队老师与富拉尔基区政府对接实训团实习工作，尽职尽责。

坐在老东重的怀旧教室里，思绪仿佛回到了燕大人艰苦卓绝的奋斗时代。

实训团参观一重车间，躬身实践，扎根基层。

赴施工现场，监测施工质量与安全防护措施。

赴住建局研究新型环保锅炉设备及供热系统。

赴齐齐哈尔腰库勒抗战遗址参观学习，感其无畏精神，承其家国情怀。

举国同庆的日子，实训团同学共同祝福祖国繁荣昌盛、东北全面振兴、燕大越来越好！

蓝天白云，红花绿草，

燕大学子们将会在这片土地创造出更加夺目的成就。

在一个月的实训生活中，齐齐哈尔市富拉尔基区给予了燕山大学 188 名实训成员无微不至的关怀。相信时间会见证成长。在富拉尔基实训的每个日子，忙碌且充实。未来还会有无数个奋斗的日夜，实训团成员会在东北老工业基地继续发扬燕大奋斗精神，不负青春年华，为东北老工业基地振兴贡献自己的力量！

第三篇章

岁月如歌

燕大与你来日方长

世界上每时每刻都在发生着相遇，风遇见云，花遇见树，萤火虫遇见星光。而在这一刻，渤海之滨的燕大，红墙绿树的燕大，遇见了崭新的你。与你相遇，怦然"新"动。燕园里，到处洋溢着青春的气息。横幅、学院牌、志愿者随处可见，向来自五湖四海的新同学们表达最热烈的欢迎、致以最真挚的问候。

背上行囊，青春的血液正滚烫；踏上新路，梦想的期许正起航。伴着秋风，怀着憧憬，跨越万水千山，相聚燕园。征程已启，未来可期。手中的通知书见证着十年的寒窗苦读，沉甸甸的行李承载着父母的爱与期盼。青春年少，骄阳正好。来到燕大，与志同道合的朋友一起，放飞理想，扬帆远航。

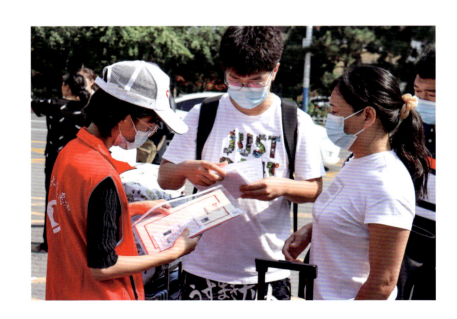

印象燕大

求学路上的我们，

不得不离开父母的怀抱，

分别时刻泪眼婆娑。

父母说不尽的嘱托、道不完的话语，

是我们前行途中的那盏路灯。

且将新火试新茶，诗酒趁年华，

春来夏往秋收冬藏，

而我们与燕大来日方长！

学长学姐们搬行李、引路，

一声声热情的招呼，

一个个灿烂的微笑，

让校园里处处洋溢着和谐与温馨。

浅秋的风藏着几分夏末的余温。

你从远方来，

带着行囊，

神情青涩。

这个秋天，

很高兴遇见你，

欢迎你，新同学！

世界变化不停，人潮川流不息。

遇见燕大，满"新"欢喜。

我们，来日方长。

军训信笺寄迷彩时光

"叮咚——"您的信笺已送达，请注意查收。

收信人：全体军训学子

翻开此信时，十余天的军训生活已悄然而逝，来不及惊叹，也来不及感慨，短短的军训生活，正如细沙慢慢从指间划过。

"稍息、立正、向左看齐、向右转"，铿锵声音仿佛还萦绕耳畔。汗水顺着脸颊淌落，浸湿了你们的衣服，肌肉因长时间站立而感到酸痛。训练场上，你们学会了忍耐，学会了坚强。

军训生活成为大学生活的扉页，阴雨和阳光都是它的颜料，人人皆执画笔，将那片迷彩蓝绘入象征起始的画卷。

护旗是我们的职责和信仰。

只有一排也要站得整齐，目视前方，跨立！

挺拔身姿，于骄阳之下，我们向光而行。

指间的风，打磨着青春年华。

休息时的欢声笑语，将疲惫一扫而光。

认真训练，我们和教官一样帅气。

坚毅面庞，来日定是士气铿锵。

队列前的旗帜，一直是我们前进的方向。

印象燕大

坚挺的胸膛，整齐的步伐，是我们自信的勋章。

持枪是我最酷的模样。

每一个动作我都要求精准万分。

每一拳打出的都是我的不屈和刚强。

教官，和你的自拍照，我们会一直珍藏。

军训虽苦，但是和教官在一起的日子很甜。

此信奉上，在燕园里，愿你们携着坚毅与不拔的精神，到达理想的远方，追求属于你们的梦想，开启你们人生的新篇章。

寄件人：燕园

点横撇捺蕴风骨　笔墨纸砚皆乾坤

邂逅书法
水流心不竞，云在意俱迟

"意到笔随，不设成心。无垂不缩，欲往仍留。"《古之书论》中这两句话极尽书法之妙。作书之人，作书之前，须静心运意，如穿针者束线纳孔，毫厘不差；作书之时，抽纸挥毫，绘胸中之所想；笔走龙蛇，成太白之独步；作书之后，见行云流水，印上篆刻，方寸之间，金石华彩，顿觉抒怀畅意。今天，就让我们来一览书法篆刻的精妙吧！

俯身倾心，竖笔横立，笔走龙蛇间，书写的是心中的天下。

墨染宣纸而见字，传道授笔且书意。

捧书而读，

每一个字符都有特定的意义。

篆刻之中，朱文生动活泼，白文稳健雄浑，
细品其意，岂不美哉？

若惊鸿一跃，柔和恣意，飘逸潇洒，一笔一画，
是清风中的深情。

篆刻
方寸间的艺术

篆刻是我国古老而优秀的传统艺术之一，它集书法和镌刻于一体，是汉字特有的艺术形式。金石华彩，知白守黑。虚实兼生于一印，厚重与清雅兼得于一方。它们可平整规矩，可放纵错杂；可协调统一，亦可求异变化。

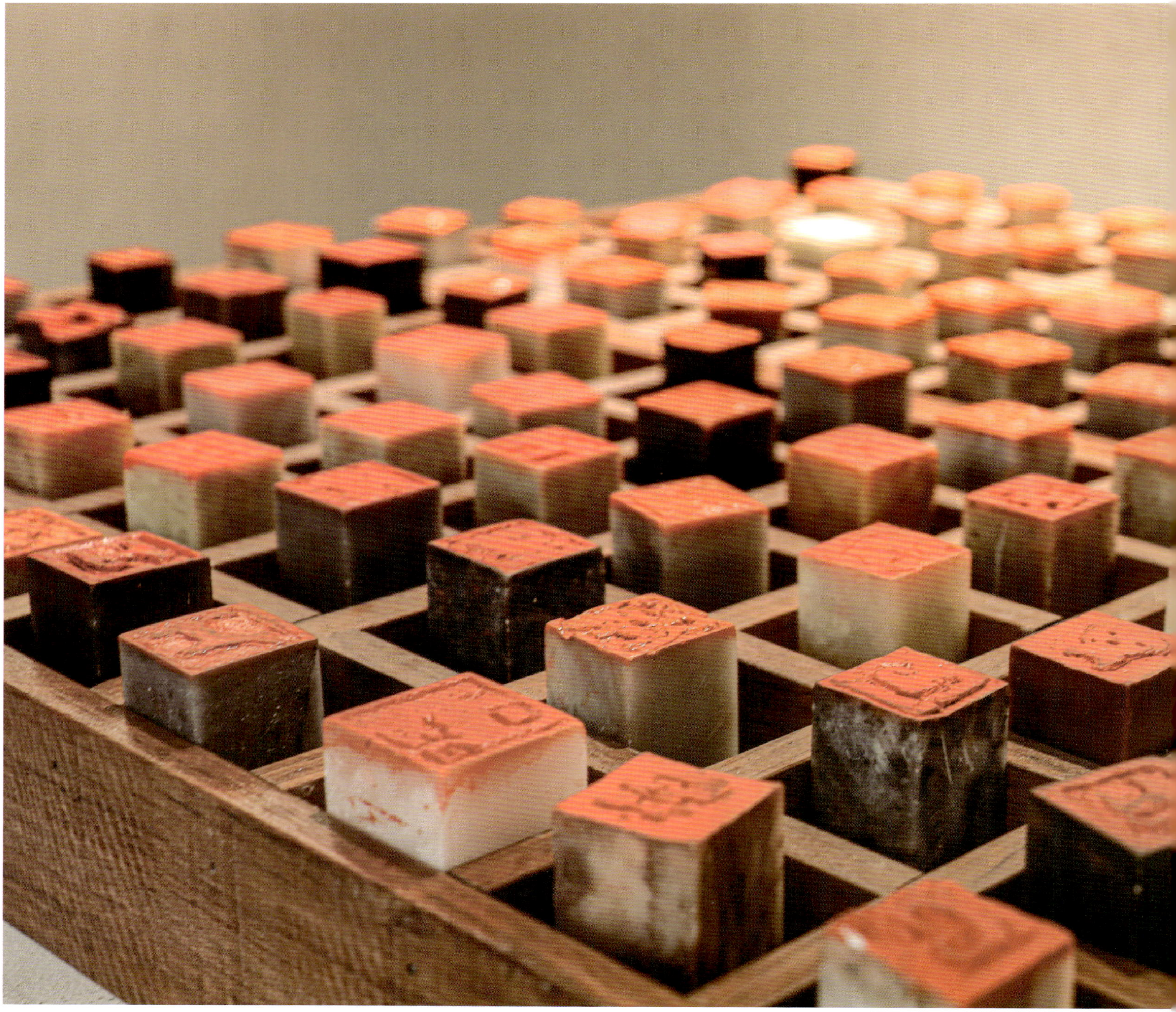

顽石吟唱，细屑飞溅。从平凡无奇中也能诞生摄人心魄的艺术气象，这就是篆刻的魅力。遇见了，它便能引得我们灵魂颤动。它散发着美的光芒，虽朴旧，却不曾衰颓。

印床之上，古味初现端倪。手执刻刀，以刀代笔，用一手巧技赋予形采，用一腔热血塑造神韵。正如古人云："有笔法则章法自然而至，其行字之间，最贵有情有气。"在这细微之处亦可见精神，篆刻者仿佛能在精雕之时沟通天地，能在细琢之中品味人生。

匆匆夏天　我们不说再见

纵有千古，横有八荒；前途似海，来日方长。

毕业之际，愿此去繁花似锦，再相逢依旧如故。

希望下一次见面，看见的依旧是鲜活又明亮的你们。

时间静走，青葱岁月。青春随着毕业的到来，为你们的大学生活画上了一个
清新的休止符。面对着镜头扬起笑脸的你们，又是否会唤起刚踏入校园的那
段回忆。时间总是在不经意间溜去。弹指间，就要挥手告别昨夕的稚气懵懂，
继续谱写自己的人生华章。

岁月逃离了暮春，

照亮了盛夏的序幕。

长路漫漫，百事从欢。

从炎热的夏天开始，

也在炙热的夏日告别，

在未来的岁月里，

以梦为马，万事胜意。

希望你们继续兴致盎然地与世界交手，

一直走在开满鲜花的路上。

青春不散场，相逢会有时。

夏日的帘幕悠悠落下，毕业的脚步悄悄来临。骊歌起，别宴至。林荫路、绿茵场和斑驳的墙壁上写满了四年的记忆。喧嚣的蝉鸣，耀眼的骄阳，一群少年告别这个夏天，庆幸相遇，无惧别离，带着燕大的期许，驶向更灿烂的未来之旅。

学士帽轻扬，乘风破浪的帆正起航。

人生海海，

我们在山前相遇，山后再重逢。

旋转几轮，我们还是我们。

与你们并肩，定格青春最美的遇见。

总有人的青春热闹，从一群人的初遇到一群人的毕业。再走走后廊的林荫，再坐坐怀念的教室，再看看熟悉的同学，再漫步一次燕大校园……纸短情长，相机定格的只是一段故事的落幕，下段序章即将落笔，饱蘸那段阳光明媚的日子，续写的人生定会愈然敦实浩荡。

在熟悉的教室里记录下我们最美的笑脸。

这个夏天，多年以后将成为那个夏天。

毕业是千百万个夏天的故事，千百万个人，千百万个告别。毕业啦，也不知道下一次挽着你们的手去教室是何时。那就好好告个别吧，告别课桌与黑板，告别长廊与树荫，告别阳光与晚风，还有我们回不去的青春。千言万语道不尽心中祝福，愿此去，日月相伴，星辰为友，路无险阻，前途有光。

飞起的学士帽，那是我们跳动的青春。

庆幸相见，无憾离别。

未来的憧憬，眼中诉说着千种万种的情绪。

从此各奔东西，各自珍重。

一起毕业，一起上岸，一起看遍人间的风雨灿烂。

永远年轻，永远在路上，永远有你的陪伴。

庆幸相遇，在最单纯的年纪。

愿你历尽千帆，归来仍是少年。

不论经历多少岁月，不论走过多远路途，

我都深深怀念那条路，它曾经引导我与你相遇。

聚是一团火，散是满天星。

祝你我前程似锦，顶峰相见！

考研倒计时　胜利在等你！

早起晚归，是他们的作息；三点一线，是他们的日常；分秒必争，是他们的信念。他们，是考研人。他们是图书馆里的常客，更是自习室中的"会员"，总是有挤不完的时间，上课路上、等待打饭、午休时间……灯光只陪读书人，时光不负考研人。漫漫"研"途上，他们大步奔向自己的目标。努力的人儿们，终将上岸。

沐浴晨光，奋笔疾书，谱写我的梦想。

莫道君行早，清晨的自习室座无虚席，

考研的战斗日益激烈。

考研路上千军万马，

你从来不是孤军奋战。

有困倦，有劳累，但他们仍然在奋斗。

回首向来萧瑟处，平芜尽处是春山。

或坐或立，以不同的姿态耕耘未来。

窗口透过的星光，为学子把寒冬照亮。

把努力揉进时光，把汗水留给岁月。

敲击键盘，移动鼠标，考研之战，胸有成竹。

争分夺秒，笔尖流转，和时间赛跑。

"研"途有你，不再孤单。

满腔热血，满墙愿望，
终将成真！

燕山大学

党的生日：
"史境阵地"筑基"传习讲堂"

燕山大学党员组织生活馆以"熔铸初心使命·淬炼时代风华"为主题，设有"宣誓厅""红色历程厅""精神谱画厅""风纪镜鉴厅""英模礼赞厅"五个展厅，以及"传习巷"和"智慧党建课堂"两个多功能区，融合了中国共产党的信念宗旨、百年奋斗的辉煌历史、伟大丰厚的精神谱系、严明刚性的纪律规矩和无私忘我的英烈模范等"育人元素"，构建起"五厅一巷一课堂"的全方位、立体式教育格局。

重温誓词　坚守誓言

"我志愿加入中国共产党，拥护党的纲领，遵守党的章程，履行党员义务，执行党的决定，严守党的纪律，保守党的秘密，对党忠诚，积极工作，为共产主义奋斗终身，随时准备为党和人民牺牲一切，永不叛党。"

誓词两侧的四组浮雕，呈现了从石库门的红色火种到天安门的庄严宣告，从不屈不挠的保卫黄河到敢闯敢拼的深圳拓荒牛，从英勇顽强、不怕牺牲的飞夺泸定桥到勇于创新、不畏艰难的港珠澳大桥，从滋养初心、校准前进方向的延安宝塔山到我国自行研制的全球全天候定位导航授时系统北斗卫星，无不展现了中国共产党敢教日月换新天的政治担当和精神力量！

▌红色历程　汲取力量

"近代中国、山河破碎、战乱不已，人民饥寒交迫、备受奴役。""中国共产党在近代风云激荡中起步……毅然担负起实现民族复兴的历史重任……"

步入"红色历程"展厅，"风云激荡""浴血奋战""不懈探索""走向复兴"等篇章依次展开，通过鸦片战争以来的 100 个重大历史事件，展示了中国共产党带领中国人民从站起来、富起来到强起来的历史性飞跃。

▎精神谱画　荡涤心灵

"坚定的理想信念是共产党人的'精神之钙'。对马克思主义的崇高信仰，对中国特色社会主义的坚定信念，是一百年来中国共产党人战胜一切艰难险阻，从弱小走向强大，从失败走向胜利的最重要力量……"

步入"精神谱画"展厅，"跨越时空""与时俱进""精神永存"等篇章从时间维度展现了社会主义从空想到科学、马克思主义从产生到发展所表现出的强大生命力，汇集了中国共产党人在顽强拼搏、不懈奋斗中形成的伟大中国精神。

知所从来　思所将往

"匠心为国铸重器，矢志不移育英才！燕山大学始终坚持党的全面领导，不忘立德树人初心，牢记为党育人、为国育才使命，走过了'两次搬迁、三次创业'极不平凡的奋进之路……"

馆内设有燕山大学党组织的发展历程和先进典型专题展览，教育引导广大师生知所从来、思所将往，学有标杆、做有示范，激发拼搏斗志，营造对标先进、见贤思齐的浓厚氛围。

校党委原副书记陈春利将自己珍藏多年的154枚奖章、纪念章放入馆内展陈。

这幅用鲜血、汗水、力量、勇气、智慧写就的红色徽章组成的中国地图，诉说着"甘将热血沃中华"的动人故事。

▌风纪镜鉴　明纪守规

"建党百年来，我们党始终勇于进行自我革命，同一切影响党的先进性、损害党的纯洁性的问题作坚决斗争……"

"风纪镜鉴"展厅，"正风反腐"篇章聚焦从严管党治党史，展现了中国共产党自诞生伊始，就把纪律视为生命线；"警钟长鸣"篇章通过剖析一个个违法违纪典型案例，以案惊心，深化警示教育效果。

英模礼赞　山河壮歌

天地英雄气，千秋尚凛然。"英雄是一个民族最闪亮的坐标……他们，照亮了历史。他们，激荡着时代。他们的精神，历久弥新……"

"英模礼赞"展厅，通过"战争年代""激情岁月""改革时期"和"新时代"等不同历史时期，致敬先烈英模，缅怀丰功伟绩，传承红色基因。

传习巷　习著述

"传习巷"是馆内以阅读、学习、交流的功能为主的特色空间，藏有理论经典、党史党建和思想政治教育等各类精品图书 1500 余册。

创设"智慧党建课堂" 增添组织生活引擎

在组织生活馆内的"智慧党建课堂",师生可自主点播全国各省市革命纪念馆、爱国主义教育基地的多媒体资料,足不出校概览全国红色资源。

"智慧党建课堂"数据库同时涵盖各类党史文献专题片、纪录片以及红色影视资源 500 余部。通过现代化教育技术手段充实党内组织生活内容,拓展党内组织生活形式,强化党内组织生活质效。

百年校庆：
百年燕大　家国天下

时光流逝，白驹过隙，

你轻轻地闭上了眼睛。

晚风轻抚着你的脸颊，

烛光倒映着你的容貌，

无数燕大学子在你耳边轻声呢喃：

"生日快乐，我的燕大。"

共赏百年新貌

破冰除雪，不惧艰险，饱经风霜始扬帆。

披荆斩棘，长路漫漫，磨砥刻厉一百年。

胸怀热血，心向远方，燕大学子志弥坚。

砖瓦楼阁，草木叶间，百年华诞谱新篇。

花团锦簇，西校区门口校庆氛围浓浓。

松江沃土，徐工集团助力赤子追梦。

条幅飘飘，图书馆前百年气势恢宏。

威武雄壮，徐工集团赠车庆贺华诞。

百年燕大，代代教工校友竭力展现家国情怀。

创意满满，艺术与设计学院展示的燕大风采格外动人。

呼朋引伴，燕宏桥下留念印纪百年。

青春靓丽，我与燕大共享盛世华年。

喜闻乐见，百年庆典顶呱呱。

共享校庆甘甜

长 1000 分米，高 100 毫米，宽 1960 厘米的万人大蛋糕，象征着燕山大学 1960 年独立办学，共贺 100 周年校庆，展现几代燕大人的传承与寄托，不忘创业路。

100 年的征途，珍藏于相册，铭记在心尖。

巨大的蛋糕，饱含着燕大人的喜悦与期待。

一起合张影吧，这是我们共同的校庆回忆。

小朋友，校庆的蛋糕是不是格外香甜呀？

共观书法气概

百年征程路，笔墨燕大情。百年华诞，甲子辉煌，书法展情，祝福满盈。一校，一甲子，一百年，行走的足迹是奋斗拼搏的缩影；一笔，一纸张，一作品，留下的言语是对母校最好的祝福。

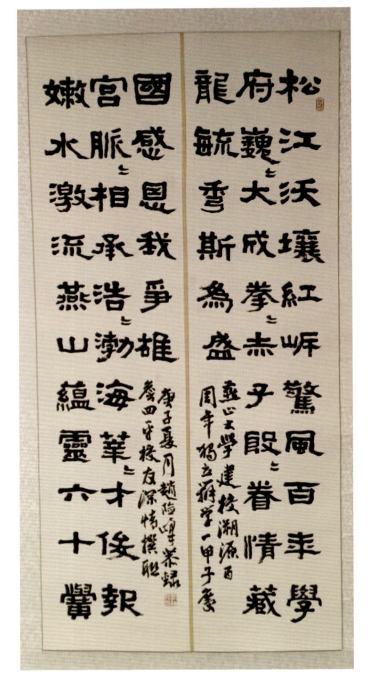

一撇一捺诉母校情深，一字一言忆百年征程。

浓厚的文化底蕴浸润着一代代英才。

张张字画，都在诉说着燕大的故事。

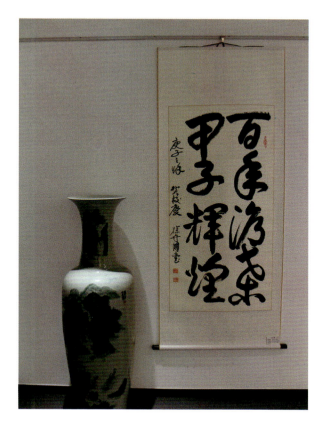

浓墨挥洒豪情，书画见证历史。

共览百年邮票

一张邮票，一封信件，诉说着与母校间的情话。这里的欢庆与喜悦，会凭借它们邮寄给身处远方的燕大人，共享百年华诞。

百年沧桑，岁月轮转，

你轻轻地睁开了双眼。

海浪拍打着你的脚尖，

朝阳洒满了你的秀发，

无数燕大学子勾住你的青葱玉指……

"燕大，我爱你。100 岁生日快乐！"

世界读书日：
悦读百年辉煌历程　传承红色文化基因

燕园花开，最宜读书。2021 年 4 月 23 日，燕山大学图书馆一楼大厅红色文化展示区人头攒动。燕大师生在这里翻阅红色经典，观看电子画屏动态展示的党史故事图画，接力抄录下感动过、启迪过无数人的红色经典文字。

在红色文化展示区阅读党史书籍。

红色影视剧目展播、红色音乐唱响爱国心、红色剧本体验活动、红色影视配音大赛、红色主题阅读马拉松活动、红色读书分享会……一个个令人耳目一新的活动，让燕山大学党史学习教育变得生动鲜活起来。

在图书馆的红色展示区，燕大的师生正一起接力抄写《论中国共产党历史》。或是抄一段让自己感悟深刻的文字，或是画出自己心中党的辉煌历程，每一笔、每一画都加深了对党的理解和认识。

用插画的形式抄写《论中国共产党历史》。

动态展示党史故事

选取美术中的党史素材中关于党史故事的图画，用电子画屏动态展示，组合成一个党史故事展示区，每幅画都讲述了一个党史故事，并标注与此故事相关的燕山大学图书馆的馆藏书目信息。

驻足观看党史故事电子画屏。

开辟党史阅读空间

在党史阅读空间里阅读。

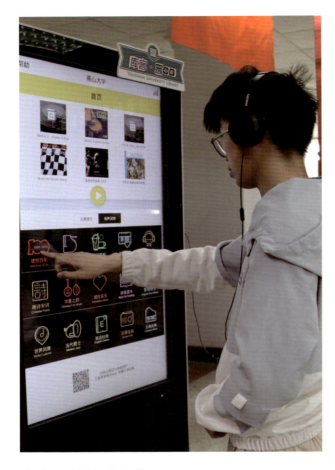

在电子屏前浏览学习。

在中国共产党成立 100 周年之际，燕山大学图书馆精选馆藏 500 多本党史图书，开辟专门的党史阅读空间，设置红色主题书架、电子阅读机、电子画屏等设备全方位地展现中国共产党历经革命战争的严峻考验、发展道路的艰辛探索、改革开放的创新实践，带领中华民族实现综合实力跻身世界前列的奋斗历程。

东北亚古丝路文明博物馆：
千年辉煌的丝路文明

叩开东北亚古丝路文明博物馆的大门，浓厚的历史气息和文化韵味便扑面而来。展台上的文物将我们的思绪带回到过去，时空的大门被层层推开，东北亚古丝路文明在我们的眼前清晰了起来。身处这条与东北亚古丝路文明对话的历史长河，让我们沉浸在东北亚古丝路文明的千年辉煌中。

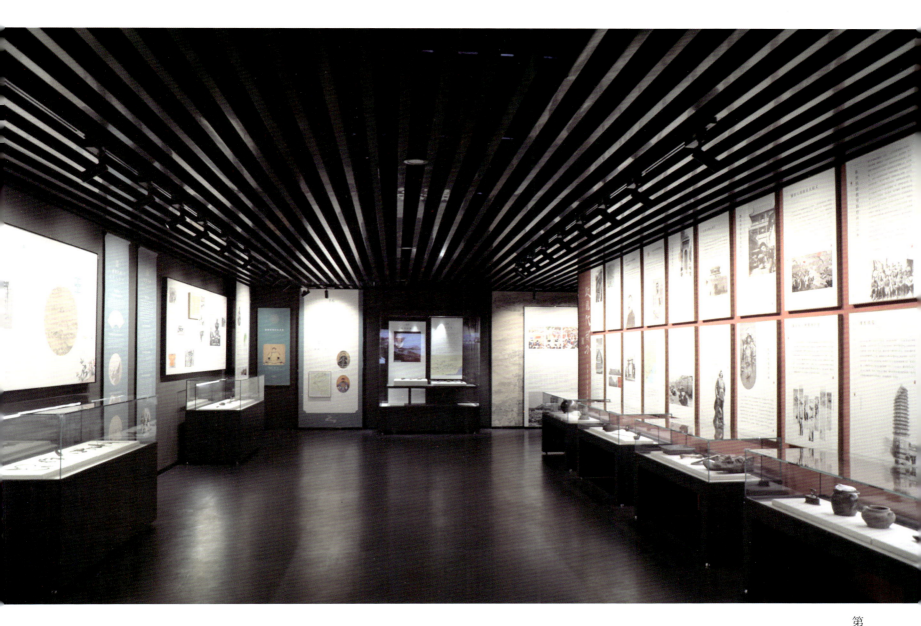

陶器，泥土与清水的融合，在烈火的炙烤下，赋予了另一种全新的生命。在历史的长河里，文化的交融中，件件陶器向我们诉说着它们的故事。器体上的釉色、纹饰是人类文化艺术活动飞跃的体现，寄托着先人的美好憧憬和情思，承载着中华文明的古老历史和科学艺术文化。陶器，当之无愧是中华文化长河里浓墨重彩的一笔。

陶器展于馆内，文化相遇心中。

碗口的缺角，是千年文化的印记。

片片红印情，浓浓国瓷韵。

泥土与清水的融合，唯美与坚强的交融。

岁月在走，时间在流，终与陶文化相遇于此。

一场跨越时空的对话在这里展开，古物们没有言语，不用争辩，但却揭开了悠久历史的神秘面纱，它们都有自己的主人和故事。这一件件展品，既是见证者，也是参与者。它们用历史长河中零散的记忆碎片，拼出了东北亚古丝路的文明，积淀着中华民族的精神追求。

如在眼前的贸易集镇。

浓郁的文化气息熏陶着青年学子。

千年历史，多元文化，

东北亚古丝路文明博物馆，

讲述着尘封已久的历史故事……

校史文化节：
知史爱燕大　青春再出发

校史是一所学校发展轨迹的真实记录，是记录学校建立、发展和变迁过程的文献资料，也是办学传统和办学成就的生动写照。校史文化，是学校在长期的办学过程中形成的核心价值，是对精神文化内涵进行的高度凝练和升华。为全面展现、广泛传播、大力宣扬校史文化，营建爱校荣校、凝心聚力的良好氛围，提升师生校友对校史文化的认同感与自豪感，值燕山大学 101 周年校庆、校史陈列馆开馆 1 周年之际，学校于 2021 年面向全体师生校友举办燕山大学"第一届校史文化节"。

参观校史陈列馆
感悟燕大力量

2021 级新生在校史陈列馆里进行校史教育"开学第一课"。

燕山大学的百年校史是一部创业奋斗史，学校一百年来筚路蓝缕、风雨兼程，却始终弦歌不辍、自强不息，在与党的需要、民族复兴、国家发展的同频共振中一次次铸就辉煌。为了解学校101年的奋斗历程和辉煌成就，感悟燕大人的责任担当与无限荣光，燕山大学"第一届校史文化节"系列活动之新教工、新生入学校史参观教育活动如期开展，为全体新燕大人提供校史讲解和咨询服务。

时光流淌，跨越百年，

与百年燕大的对话正在开启。

一个个精巧无比的模型，

凝聚了燕大人为国铸重器的初心使命。

集品质、精致、极致于一身的燕翔9号赛车，吸引着燕大科技青年驻足观看。

参与校史竞答
学校史、在路上

燕山大学"第一届校史文化节"系列活动之"学校史、在路上"校史知识竞答活动，深受在校学生的喜爱。精心设计的宣传海报和书签、统一布置的8个答题地点、装满红色题号球的抽号箱、精美的工作胸牌和竞答地图、各种款式的通过贴纸、吸人眼球的燕宝人偶、具有实用价值的奖品……参与者随机抽题并现场作答，好一场寓教于乐的校园文化活动！

精心设计的宣传海报和吸引眼球的人偶。

工作人员为参与者讲解竞答规则。

心跳加速的抽题时刻。

人人争当校史讲解员

体验校史讲解员的辛苦和努力，沉浸式感悟燕大百年校史的底蕴与魅力。来自各个学院的同学积极踊跃参与报名"人人争当校史讲解员"互动体验活动。小小讲解员整理好耳麦、衣装、工作牌，站在校史馆内，伴随着老师的悉心指导，讲述着燕山大学在百年发展历程中一个个闪光的时间节点。

整束容装，工作牌一旦戴上，便有了责任。

耐心听校史陈列馆的老师们讲述校史的故事。

体验校史讲解员，我是自豪的燕大人。